Our future is always in our dreams. We dream about the life we want but not all our dreams come true. And the future could be challenging and even unpredictable, and we cannot ignore it.

Наше будущее всегда в наших мечтах. Мы мечтаем о том, чего хотим, но не все мечты сбываются. Жизнь может быть сложной и не предска-зуемой, и мы не можем это игнорировать.

MY VISION OF THE FUTURE

МОЕ ВИДЕНИЕ БУДУЩЕГО

MY VISION OF THE FUTURE

artworks of the contemporary artists

Nadia Russ

NeoPopRealism Press

www.neopoprealism.org

МОЕ ВИДЕНИЕ БУДУЩЕГО

работы современных художников

Надя Рус

Неопопреализм Пресса

www.neopoprealism.org

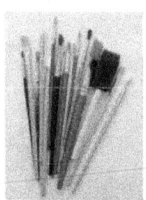

Copyright © by Nadia Russ

No part of this book may be reprinted or reproduced or utilized in any form or by any electronic, mechanical, or other means without permission in writing from the publisher. The limited use allowed only for purposes such as criticism, news reporting, research, scholarship, and teaching.

Cover images credit © Casey Lance Brown, Robert Strasser, Grigory Gurevich.

Language: English with Russian translation.

All artworks in this book copyrighted by their creators ©.

MY VISION OF THE FUTURE

Black & white edition

ISBN: 9781733867832

Printed in the USA

First published in the USA in 2020

All inquiry can be directed by email to NeoPopRealism Press:

neopoprealism@mail.com

Russ, Nadia - Contributor/Editor.

NeoPopRealism Press' mission is to publish books that contribute in fundamental ways to the art world and society.

CONTENT

Introduction 11

Casey Lance Brown 13

Robert Strasser 19

Grigory Gurevich 23

Natasha Shvets 27

Vadim V. Kyrylyuk 37

Elaine Ittleman 45

Nadia Russ 49

Conclusion 61

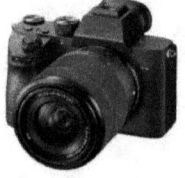

INTRODUCTION

International Art Contest 'My Vision of the Future', dedicated to 30th-31st anniversary of NeoPopRealism, created by artist Nadia Russ in 1989, is over. Congratulations to the Winners, whose artwork now appeared on the cover of this book. And the winners are: Casey Lance Brown (USA, 1st Place, photography), Robert Strasser (USA, 2nd Place, sculpture), and Grigory Gurevich (USA, 3rd place, drawing). All artists, no matter style, medium or political views could submit their artwork to this contest, organized by the NeoPopRealism Press and juried by Nadia Russ.

The artists-participants not only expressed themselves through their work, but also explained in words how they see our or their personal future. Welcome to this unprecedented journey!

ВВЕДЕНИЕ

Завершился международный художественный конкурс «МОЕ ВИДЕНИЕ БУДУЩЕГО», посвященный 30–31-летию неопопреализма, созданного художницей Надей Русс в 1989 году. Поздравляем победителей, чьи работы теперь помещены на обложке эой книги. Победителями стали Кейси Лэнс Браун (США, 1 место, фотография), Роберт Штрассер (США, 2 место, скульптура) и Григорий Гуревич (США, 3 место, рисунок). На этот конкурс принимались работы художников, работающих в разных стилях и средах, у которых были разные политические взгляды. Жюри конкурса - Надя Русс. Художники не только выразили себя через свои работы, но и на словах объяснили, каким они видят наше или их личное будущее. Добро пожаловать в беспрецедентное путешествие!

CASEY LANCE BROWN

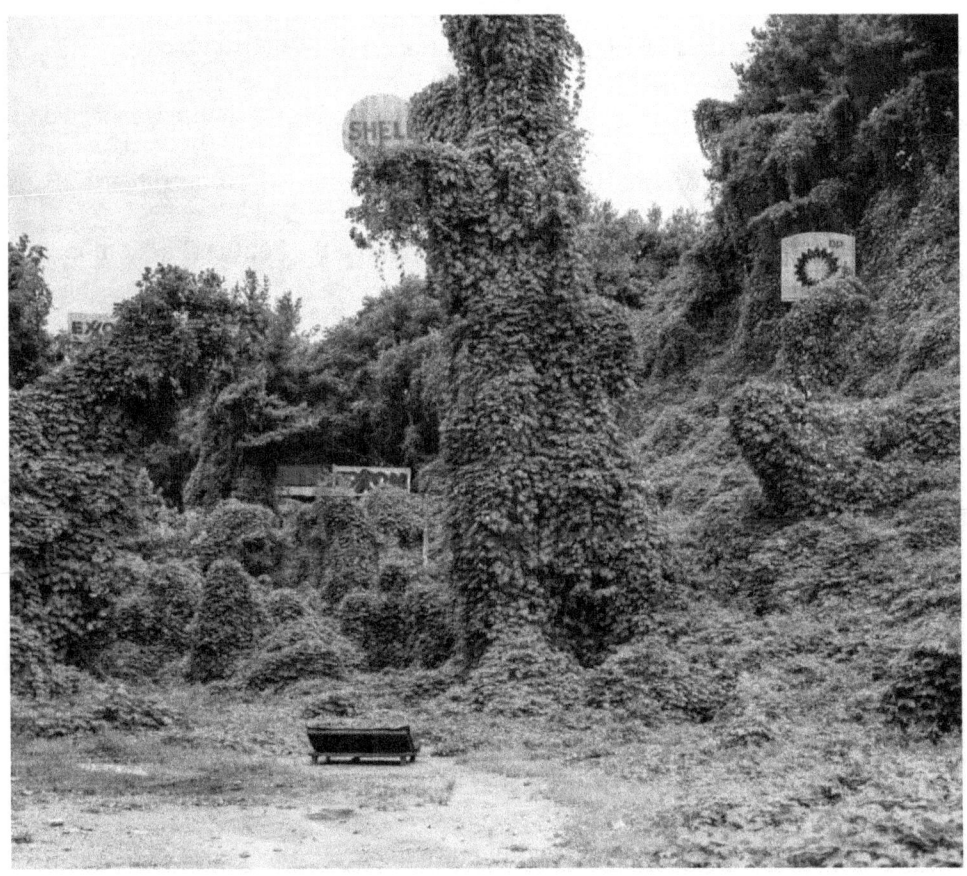

Casey Lance Brown (USA), "The Carbon Cycle I" , 90cm x 100cm, Digital Composite Photograph on Dye-Infused Aluminum Print, www.caseylancebrown.com

Casey Lance Brown (b. 1978) is an American multidisciplinary artist who studied at Duke University, Harvard Design School, and as a fellow of the American Academy in Rome. His work often reveals the perverse ways in which human systems use, abuse, and adapt to the planet's surface. His composite imagery results in large format, expansive scenography which has been exhibited/collected in the U.S., Italy, Russia, UK and Switzerland. Recently, Brown has documented the last examples of abandoned drive-in theaters around the South. The "Zombie Screen" edition of the series uses digital visualization techniques to revive the dead screens for a second life, which will debut at the Van Every/Smith Galleries at Davidson College (2020). The original series was included in the outdoor exhibition The FENCE 2016 for the southern edition, extended to Art On the Atlanta Beltline in 2017. Brown's broader abandoned infrastructure series was also included in group exhibitions at Millepiani in Rome (Modules, 2018), MINT Museum in Atlanta, GA (2016), Scope Art Fair, Vol. 5 in Miami (2015), and the Brick Lane Gallery in London (2015). In 2011, Brown completed the Rome Prize fellowship by exhibiting a vast research and photographic project on abandoned maritime villas of the Roman empire at the American Academy in Rome titled "Landscapes of Speculation".

Кейси Лэнс Браун (р. 1978) - американский мультидисциплинарный художник, обучавшийся в Университете Дьюка, Гарвардской школе дизайна. и как член Американской академии в Риме. Его работы часто раскрывают извращенные способы, которые человеческие системы используют, которыми злоупотребляют и которые адаптируются к поверхности планеты. Его работы представляют собой широкоформатную обширную сценографию. Они были выставлены и сейчас принадлежит коллекционерам в США, Италии, России, Великобритании и Швейцарии. Недавно Кейси Лэнс Браун задокументировал последние примеры заброшенных кинотеатров на Юге. В выпуске серии «Зомби-экран» используются методы цифровой визуализации, чтобы оживить мертвые экраны для второй жизни, которая дебютирует в галереях Ван Эвери / Смита в колледже Дэвидсона (2020). Первоначальная серия была включена в выставку под открытым небом The FENCE 2016 для южного выпуска, расширенная до Art On the Atlanta Beltline в 2017. Более широкая серия заброшенных инфраструктур Кейси Лэнс Брауна также была включена в групповые выставки в Millepiani в Риме (Modules, 2018, MINT Museum в Атланте, Джорджия (2016), Scope Art Fair, Vol. 5 в Майами (2015) и в галерее Brick Lane в Лондоне (2015). В 2011 году Браун представил в Американской академии в Риме обширный исследовательский и фотографический проект на заброшенных морских виллах Римской империи под названием "Пейзажи спекуляций".

"There is a regime change coming. The Anthropause of the current pandemic has yielded a very brief window into a world of lower energy use and emissions. We have carbonized the atmosphere significantly enough to affect base planetary processes such as plant growth, temperature extremes, and geochemical cycling. In the near term future, weeds will grow stronger and longer due to the enriched atmosphere. Kudzu, already growing at an enhanced rate due to atmospheric carbon and nitrogen, consumes practically any edge zones. Compounding atmospheric disasters will force the invisible economic hand to move away from its carbonized energy base. The vast fossil fuel industry will then enter an era of decline as growth goes feral. Gas stations will have no function in that transformed economy. They will fade into the clumpy background like relics of a forgotten culture. The fastest-growing plants will dominate this new Carbonized Era, as we will desperately depend on their carbon sequestration capabilities. A worldwide jungle will be cultivated to capture and store the carbon in ubiquitous carbon farms. Long live the new regime."

Casey Lance Brown

"Грядет смена режима. Антропауза нынешней пандемии дала очень короткое окно в мир более низкого потребления энергии и выбросов. Мы карбонизировали атмосферу в достаточной степени, чтобы повлиять на основные планетарные процессы, такие как рост растений, экстремальные температуры и геохимический цикл. В ближайшем будущем сорняки будут расти сильнее и лучше из-за обогащенной атмосферы. Кудзу, уже быстро растущий за счет атмосферного углерода и азота, "глотает" практически любые краевые зоны. Обугливание атмосферных катастроф заставит невидимую экономическую руку отойти от своей карбонизированной энергетической базы. Тогда обширная отрасль ископаемого топлива вступит в эпоху упадка, поскольку рост станет диким. Заправочные станции не будут иметь никакого отношения к этой трансформированной экономике. Они исчезнут на неуклюжем фоне, как реликвии забытой культуры. Наиболее быстрорастущие растения будут доминировать в этой новой карбонизированной эре, поскольку мы будем отчаянно зависеть от их способности удаления углекислого газа. Мировые джунгли будут возделываться для улавливания и хранения углерода на повсеместно распространенных углеродных фермах. Да здравствует новый режим."

Кейси Лэнс Браун

ROBERT STRASSER

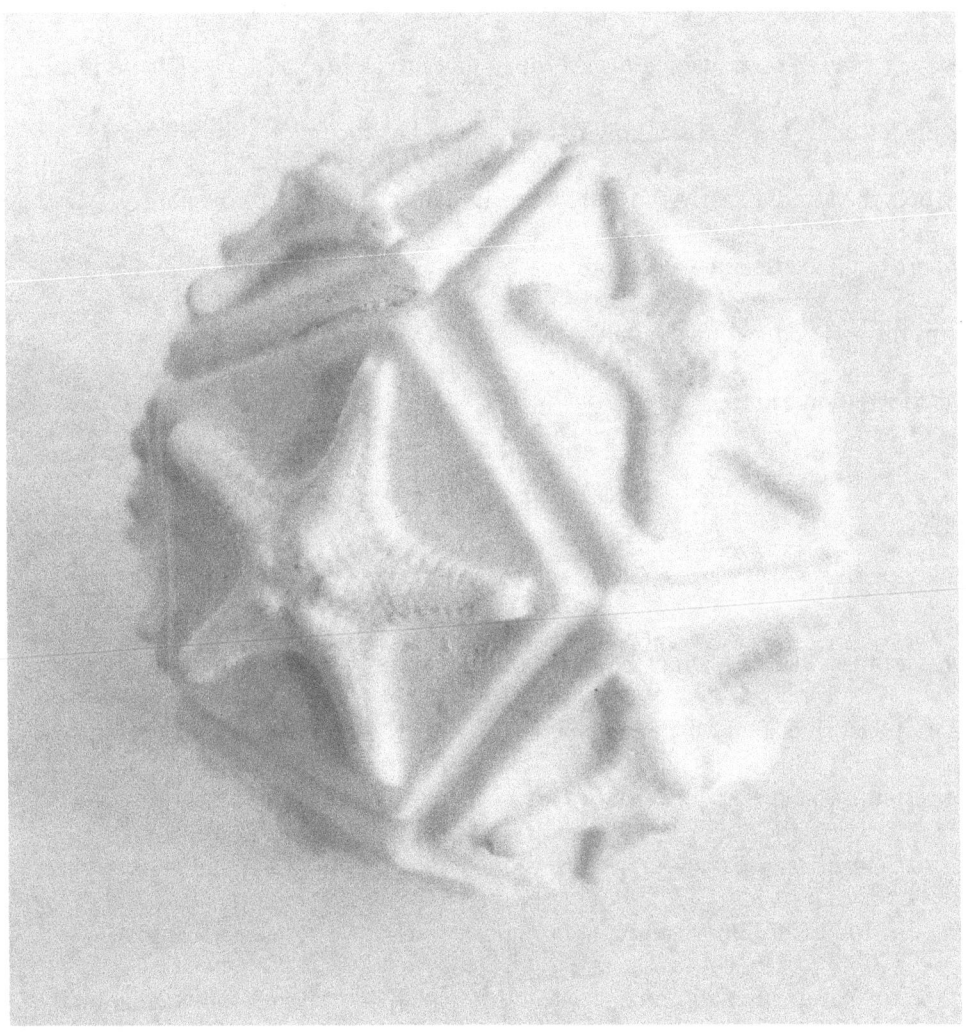

Robert Strasser, Biosphere 1, diameter 2.5", Porcelain, 2020, www.rcsclay.com

Robert Strasser is an artist who has worked a lot with clay in the past 3.5 decades. The work he presented to this contest is one of a kind piece he made recently. He has been making pieces with a modern and futuristic look in various media for many years. His creativity is influenced by the folk traditions from Europe, the Middle East, Asia, and by the human relationship to the natural world. Robert has taught many workshops and been a visiting or artist in residence at many different educational organizations, such as schools, colleges, public parks, arts foundations, more.

Роберт Штрассер - художник, много работающий с глиной 3,5 последних десятилетия. Работа, которую он представил на этот конкурс, единственная в своем роде. Она была создана недавно. Уже много лет он создает работы современного и футуристического вида в различных стилях и используя разные способы выражения. На его творчество повлияли народные традиции Европы, Ближнего Востока, Азии, а также отношение человека к миру природы. Роберт провел множество семинаров и был гостем или художником в различных образовательных организациях, таких как школы, колледжи, общественные парки, фонды искусств и т. д.

"My work is a synthesis of my love of biodiversity, structure and repeating patterns. In nature, atoms aggregate to form molecules, molecules group to form structures, structures in turn self organize into systems on many orders of magnitude. Living things follow this pattern to highly complex levels which become autogenic systems. I chose the sphere form as a symbol of strength and complexity because it is a very widespread shape for naturogenic processes. Humankind has since its origins gained strength from its technological capabilities, but even more benefit from its ability to cooperate and work together for common benefit. As we shape our own future, we must steer the anthropogenic toward the naturogenic to remain in harmony and in keeping with nature's precedent."

Robert Strasser

Моя работа - это синтез моей любви к биоразнообразию, структуре и повторяющимся образцам. В природе атомы объединяются в молекулы, молекулы группируются в структуры, а структуры, в свою очередь, самоорганизуются в системы на многих порядках величины. Живые существа следуют этому образцу до очень сложных уровней, которые становятся аутогенными системами. Я выбрал форму сферы как символ силы и сложности, потому что это очень широко распространенная форма для натурогенных процессов. Человечество с самого начала получило силу благодаря своим технологическим возможностям, но еще больше выиграло от способность сотрудничать и работать вместе для общего блага. По мере того, как мы формируем собственное будущее, мы должны направлять антропогенное к естественному, чтобы оставаться в гармонии и соответствовать прецеденту природы.

Роберт Штрассер

GRIGORY GUREVICH

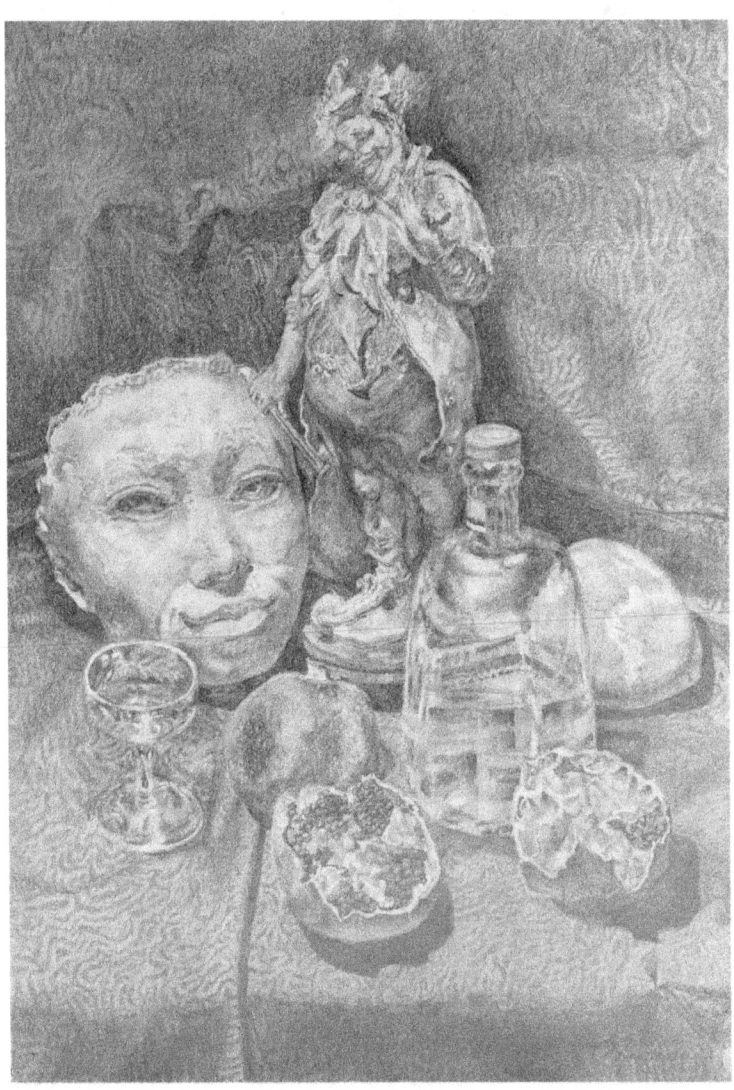

Grigory Gurevich, Still Life with the Clown, 30"X23", pencil on one ply acid free paper board, 2020

Grigory Gurevich is a painter, sculptor, graphic artist, illustrator, and printmaker who received his master's degree in Art in 1961 from the Academy of Fine and Industrial Arts of Saint Petersburg (Russia). Then his fate brought him to the US. His extensive artistic biography includes over 400 exhibitions in the U. S. and Europe. He has his work in the various collections. Grigory Gurevich was a faculty member of Newark School of Fine and Industrial Arts and the Douglas College in New Brunswick. In 1998, he founded and operated the after-school art program called Arts on the Hudson. Currently he lives and creates in New Jersey.

Григорий Гуревич - живописец, скульптор, график, и иллюстратор, получивший степень магистра искусств в 1961 г. в Академии Изобра-зительного и индустриального искусства Санкт-Петербурга в России. Затем судьба привела его в США. Его обширная творческая биография насчитывает более 400 выставок в США и Европе. Его работы находятся в различных коллекциях. Григорий Гуревич был преподавателем Ньюаркской школы изящных и промышленных искусств и Дуглас-колледжа в Нью-Брансуике. В 1998 году он основал в Нью-Джерси курсы изобразительного искусства "Искусство на Гудзоне", где он обучал детей рисовать после школы.

"When I was a child, I with my parents was often visiting the Circus of the City of Leningrad, where I was born. There were many different types of acting There during two hours of performance. There were jugglers, animals, acrobats, more. Everything was great and two hours usually were passing quickly, like seconds. But more than anything and anyone else all children liked the clown. For us, for the children, he was the best! He was funny, humorous, real and at the same time unreal. He often was coming close to some child and making the funny jokes and all circus was lounging. Sometimes he played a violin, sometimes a small and unusual piano. It was hilarious and always funny. A clown is universally friendly and happy figure in a circus. And this is why we, being adults or children, always will love the clown. Clown is a hero of all times."

Grigory Gurevich

В детстве я с родителями часто бывал в Цирке города Ленинграда, где я родился. За два часа спектакля там было много разных выступлений. Были жонглеры, животные, акробаты и многое другое. Все было замечательно и два часа обычно проходили быстро, как секунды. Но больше всего на свете всем детям понравился клоун. Для нас, для детей он был лучшим! Он был забавным, юмористическим, реальным и в то же время нереальным. Он часто подходил к какому-нибудь ребенку и шутил, и весь цирк смеялся. Иногда он играл на скрипке, иногда на маленьком необычном пианино. Это было всегда весело. Клоун в цирке - дружелюбная и веселая фигура. И поэтому мы, взрослые или дети, всегда будем любить клоуна. Клоун - герой на все времена.

Григорий Гуревич

NATALI SHVETS (Ukraine)

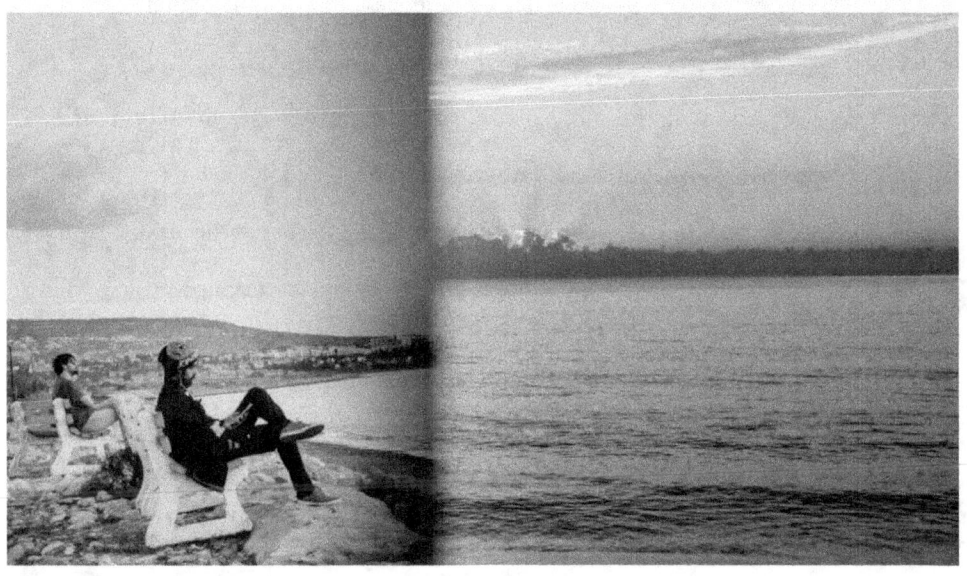

Natali Shvets, Own Loneliness, 12" x 21", Photo paper, 2017, www.natalishvets.com/

Natali Shvets was born in Russia, where she spent her childhood. Then, she moved to Ukraine, where she got her first Zenith-M camera, visited a photo-room and learned how to develop the film. Her passionate nature made her an artist. Over the last 15 years, she also possessed the knowledge and experiences of a wedding digital photographer. At the beginning, she was interested in the subject photography, portraits, and still life. And in the end, her curiosity pushed her to see the World - the sea, sands, ocean, stones, sparkling the waves - everything through the lens of her camera in the open-air studio. Her photographer's journey started at the Junior Tech Club, then she was in the studio of photography, and now she is working for the CyrilO Virtual Gallery.

Натали Швец родилась в России, где и провела детство. Затем она переехала в Украину, где получила свой первый фотоаппарат «Зенит-М», побывала в фотоателье и научилась проявлять пленку. Ее страстный характер сделал ее художницей. За последние 15 лет она также обрела знания и опыт свадебного цифрового фотографа. Вначале ее интересовала предметная фотография, портреты и натюрморты. Но позже ее любопытство подтолкнуло ее увидеть Мир - море, песок, океан, камни, сверкающие волны - все через объектив ее камеры в студии под открытым небом. Ее фотографический путь начался в Junior Tech Club, затем она была в фотостудии, а сейчас работает для CyrilO Virtual Gallery.

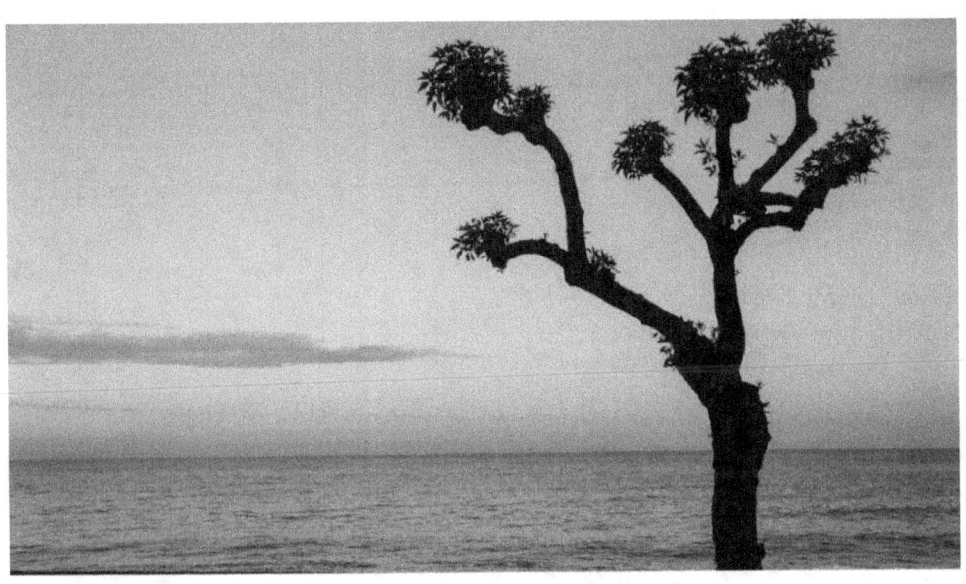

Natali Shvets, Clarity of Outlines, 12"x21", Photo paper, www.natalishvets.com/

The moment of feelings is the Feelings of the moment!

I was so lucky to Live, and to Be, and There, and Here ...
And to meet All Those...
And Your pleasant and sweet laugh
That's why I live ...

At the end of a sultry summer Day I was looking for You,
But I found only myself...

The Sun is the Pure Radiance ...
The Wind is the Scent of the Garden...
The Earth is the Joy of Fertility...
Water is the Silky Tenderness...

I exist because I am still alive
You exist because I miss you

And yet... If you live today
No matter how many moments
Hope remains and faith grows...

But if you live without knowing the difficulties,
You will probably be ignorant...

Without me, the World would remain what IT was and what IT is... Not a big deal...
The sound of music is heard everywhere!

The most valuable is "THIS", and now it is called "here and now"
Don't forget and remember...

Remember me as I am - after all, This is Love!
I will survive the World, but I will Live meekly...

                                                                Natali Shvets

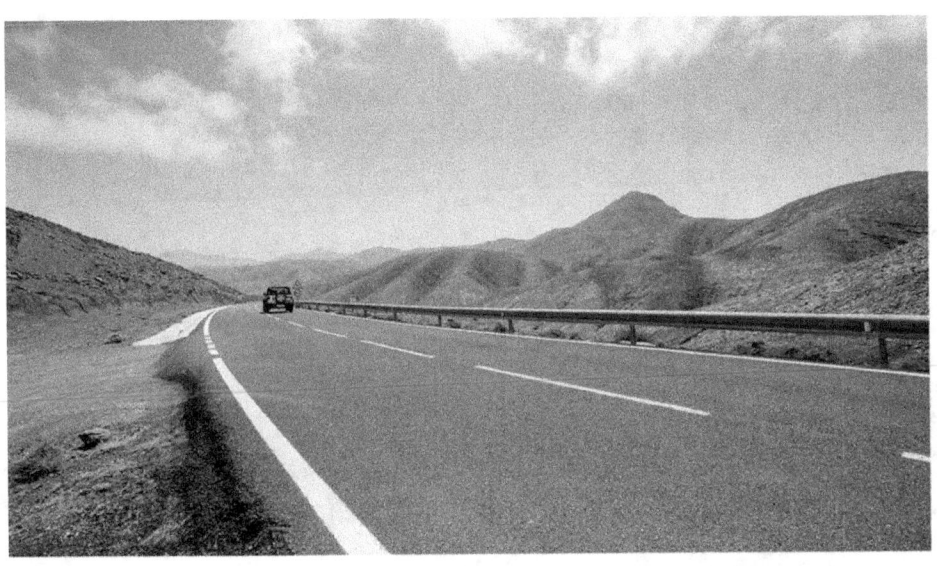

Natali Shvets, Somewhere in the mountains, 12" x 21", Photo paper, Spain, www.natalishvets.com/

Момент чувств - это Чувства момента!

Мне так повезло и Жить, и Быть, и Там, и Здесь...
И встретить Всех Тех... и Твой свежий милый смех
Вот почему ещё и я живу...

В конце знойного летнего Дня я искала Тебя,
А нашла только себя...

Солнце – это Чистое Сияние...
Ветер – это Аромат Сада...
Земля – это Радость Плодородия...
Вода – это Шелковистая Нежность...

Я есть Сущая, потому что ещё жива
Ты Сущий, потому что я скучаю по Тебе

И все же...Если Ты проживаешь этот день
Сколько бы ни было мгновений Остаётся
надежда и вера прорастает...

Но если живешь, не зная трудностей,
Вероятно, будешь невежественным...

Без меня Мир остаётся каким ОН и был, что ОН и есть...
Ничего страшного... звуки музыки слышны повсюду!

Самое ценное ЭТО и теперь оно называется «здесь и
сейчас» Не забудь и помни...

Запомни меня Такой - ведь Это и есть Любовь!
Я переживу Мир, но буду Жить я кротко...

Наташа Швец

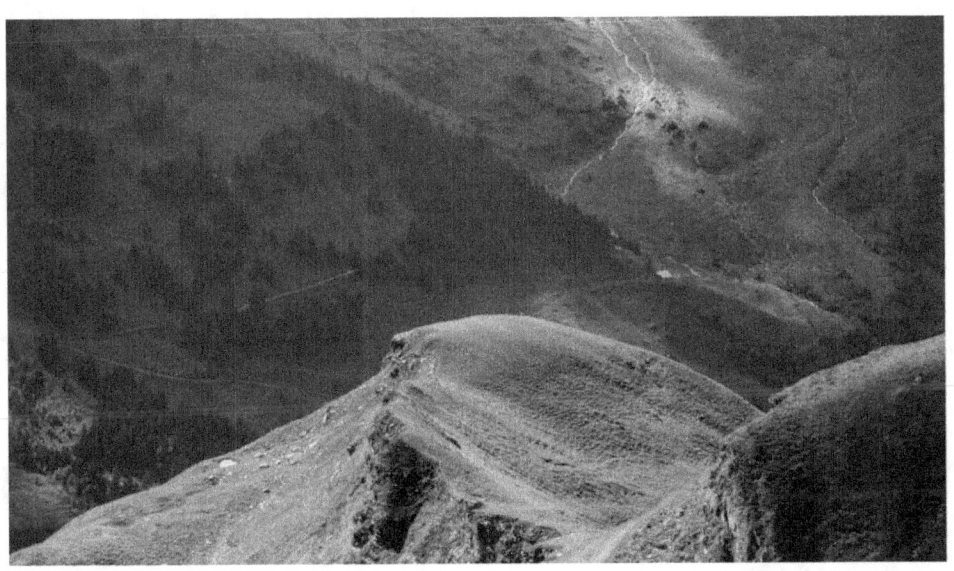

Natali Shvets, Ringing Void, 12" x 21", Photo paper, 2017, www.natalishvets.com

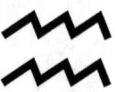

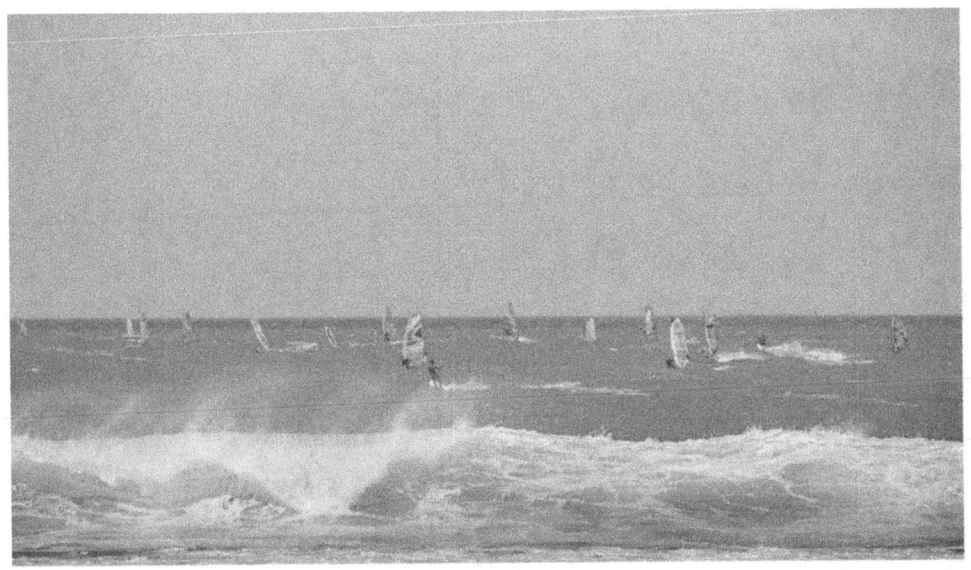

Natali Shvets, On the crest of a wave, 12"x21", Photo paper, Spain, www.natalishvets.com

VADIM V. KYRYLYUK (Ukraine)

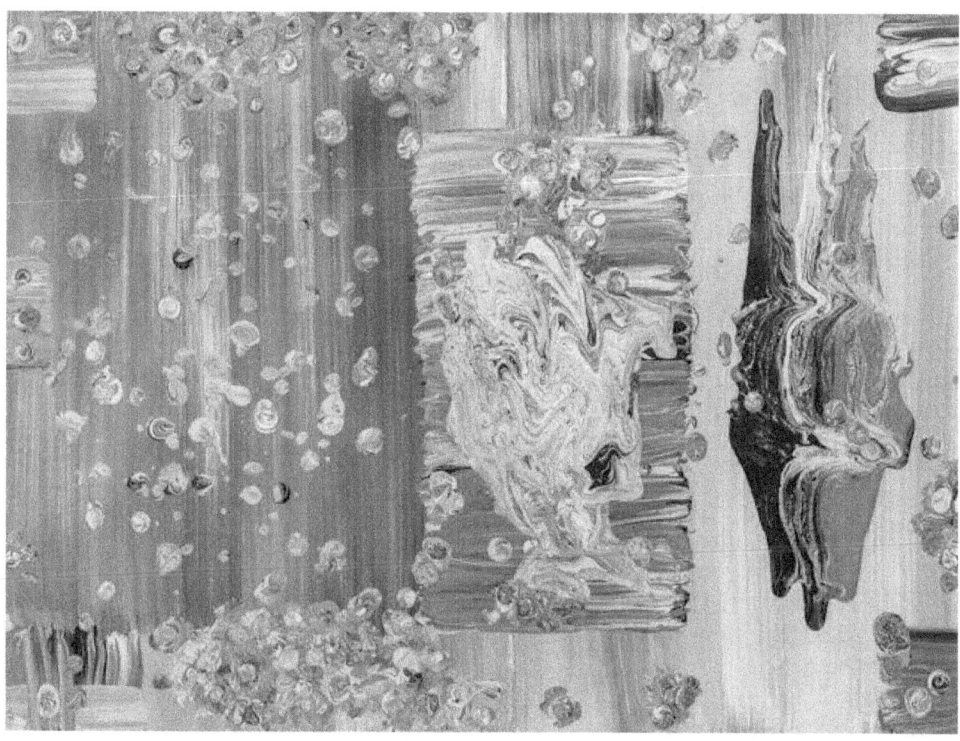

Vadim V. Kyrylyuk, CyrilO, 0300319, 13" x 19", acrylic on designer cardboard, 2019, www.virtartgallery.com/about

I am not so interested in the Worlds outside of my door - this is madness!

Green grapes rise up …

A fragrant flower in your palms - this is luck!

How many minutes did you look at the Star?

But there is still a chance to enjoy the World behind the door!

The scent of silky grass, flowers too… Give me a cup of

scented hot miracle To enter the green forest of the Dream!

I would like to conclude with the banal phrase that the past does not exist, the future is absolutely ghostly, and only the PRESENT IS "HERE AND NOW" Forever!

Vadim V. Kyrylyuk

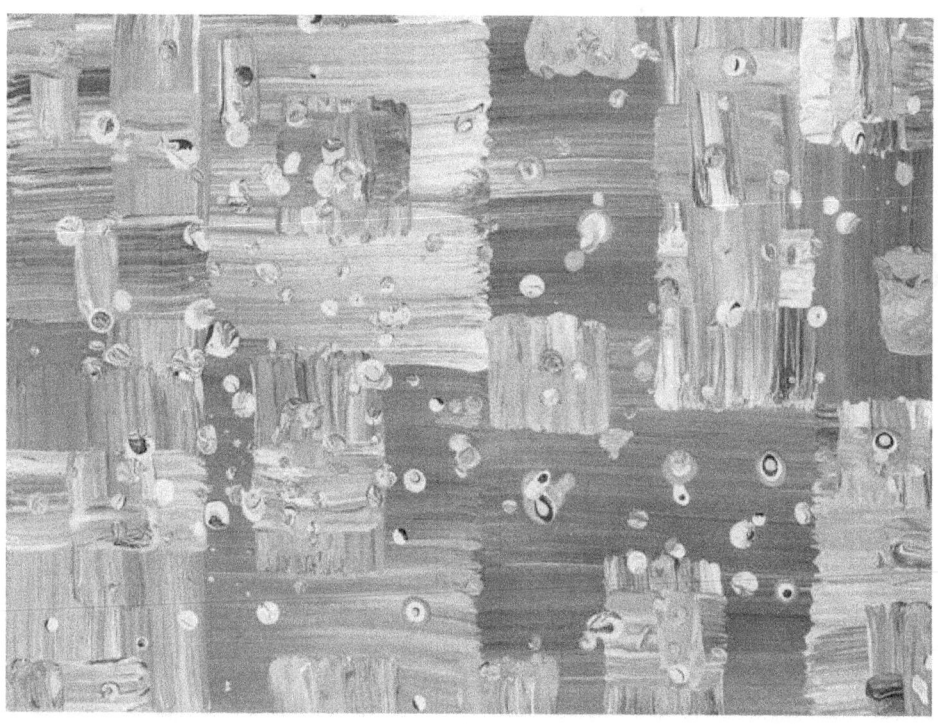

Vadim V. Kyrylyuk, CyrilO, 0340319, 13" x 19", acrylic on designer cardboard, 2019, www.virtartgallery.com/about

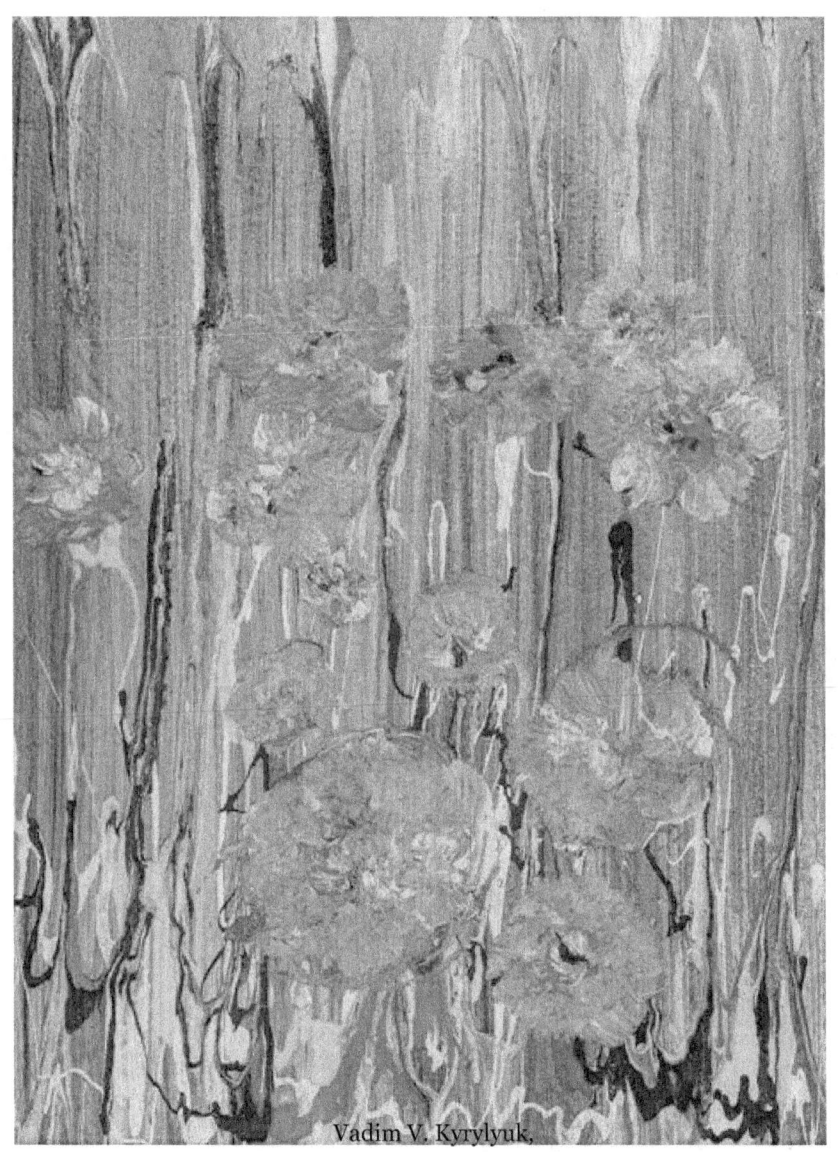

Vadim V. Kyrylyuk, CyrilO, 0420219, 11" x 15", acrylic on canvas, 2019, www.virtartgallery.com/about

Мне не так интересны Миры за дверью — ведь это безумие!

Зеленый виноград возносится ввысь...

Ароматный цветок в ладонях – ведь это везение!

Сколько минут ты смотрел на Звезду?

Но есть ещё шанс миловаться Миром за дверью!

Аромат шелковистой травы - ведь тоже цветы...

Дай мне испить чашку душистого горячего дива

Чтобы проникнуть в зелёную чащу Мечты!

Хочется закончить банальной фразой, что прошлое не существует, грядущее совершенно призрачно и только НАСТОЯЩЕЕ "ЗДЕСЬ И СЕЧАС" ВЕЧНО!

Вадим В. Кирилюк

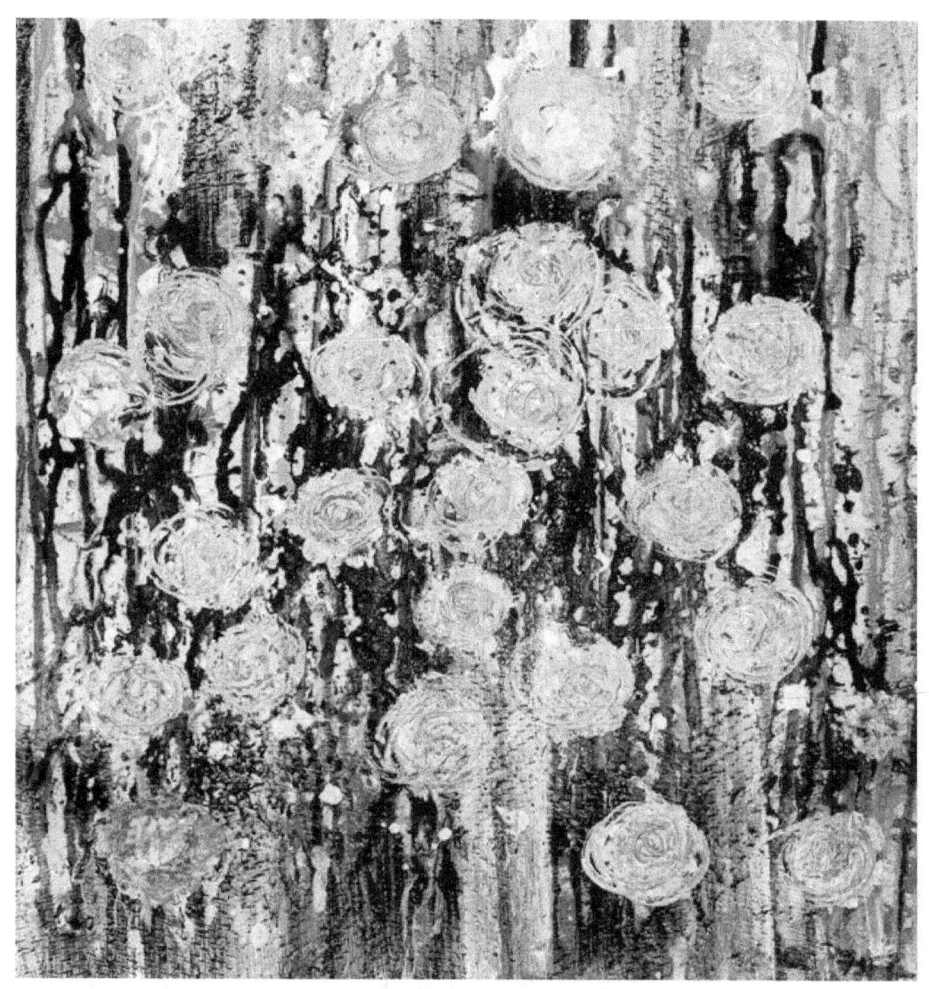

Vadim V. Kyrylyuk, CyrilO 0020219, 20"x 20", acrylic on latex, 2017,
www.virtartgallery.com/about

ELAINE ITTLEMAN (USA)

Elaine Ittleman, Dreamscape, 36"X36", Oil, 2020

Elaine Ittleman has been painting for over twenty years for the joy of it. Art is her passion. Her work consists of watercolors, pastels and now oils, from impressionist landscapes to abstract. Elaine Ittleman's art pieces influenced by her life and her experiences. She prefers to create than interpret her art, hoping the viewer would enjoy her creations. Elaine has taken classes at the Arts League in NYC, CCV and at many workshops. However, her degree is in nursing and she practices at UVM Medical Center in Burlington, Vermont. She lives in Charlotte, with her husband, horses, dog, cats and chickens. She has three grown children and two grandchildren.

Элейн Иттлман рисует уже более двадцати лет , чтобы получать удовольствие. Искусство ее страсть. Ее работы включают акварели, пастели, а теперь и масло, от импрессионистческих пейзажей до абстрактных работ. Ее творчество отражает ее жизненные переживания. Она предпочитает творить, а не интерпретировать свои работы, надеясь, что они понравятся зрителю. Элейн училась изобразительному искусству в Лиге искусств в NYC, CCV и посетила много семинаров. Тем не менее она по образованию медсестра и работает в Медицинском центре UVM в Берлингтоне в штате Вермонт. Элейн Иттлман живет в Шарлотте с мужем, лошадьми, собакой, кошками и курами. У нее трое взрослых детей и двое внуков.

"'Dreamscape' is my vision of the future, which will be dream like. The only thing we are certain of in this world is that we will all die. This is my interpretation of what may come, after we die, a floating, quiet existence with no body, just a mind in a good, harmonious and happy dreamscape."

Elaine Ittleman

"Пейзаж мечты" - это мое видение будущего, которое будет похоже на сон. Единственное, в чем мы уверены в этом мире, это то, что все мы умрем. Это моя интерпретация того, что может произойти после нашей смерти - плавающее, спокойное существование без тела, просто разум в хорошем, гармоничном и счастливом сновидении.

Элейн Иттлман

NADIA RUSS

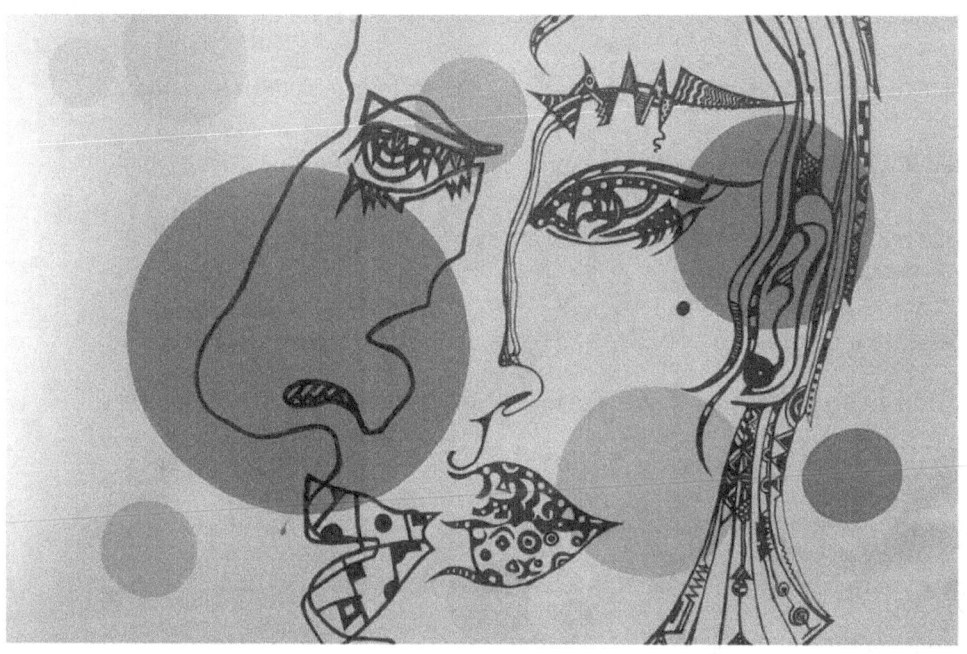

Nadia Russ, Faces, 4' 1/3" x 3' 1/3", acrylic/paper, 2017

"I believe that our future was canceled in 2008, I mean the good one. We have our future now, we live like in China. We wear the masks and voluntarily inhaling carbon instead of breathing the fabulously clean oxygen. The famous now Centers for Disease Control and Prevention said: "Breathing carbon can cause headache, dizziness, vomiting, and nausea. If CO levels are high enough, you may become unconscious or die. Exposure to moderate and high levels of CO over long periods of time has also been linked with increased risk of heart disease". However, no one cares. Actually some people do care but they constantly attacked by their opponents.

There are more than 10,000 illnesses there, but somehow Covid-19 became the favorite one and the highest priority to talk about. We almost forgot that here are also the tuberculosis (which is the real pandemic), HIV/AIDS (the super pandemic), heart diseases, cancer, to name a few. They are the real killers. Today, there are more chances we can die from the traffic accident, AIDS or tuberculosis than from the Covid-19.

Many companies now using very powerful ultra violet germicidal blue light C devices to sterilize and disinfect their offices and sometimes even the people! They do it to kill the coronavirus, and they do it with passion 24/7. The International UV Associations (www.iuva.org) said that they "... discourage the use of UV light on the Human Body to disinfect against the coronavirus". And again no one cares. May be only a few.

No.	Cause	Estimated number of deaths (in millions)	Percent of all deaths
1	Ischaemic heart disease	7.25	12.8
2	Cerebrovascular disease	6.15	10.8
3	Lower respiratory infections	3.46	6.1
4	Chronic obstructive pulmonary disease	3.28	5.8
5	Diarrhoeal diseases	2.46	4.3
6	HIV/AIDS	1.78	3.1
7	Trachea, bronchus, lung cancers	1.39	2.4
8	Tuberculosis	1.34	2.4
9	Diabetes mellitus	1.26	2.2
10	Road traffic accidents	1.21	2.1

The World Health Organization's website shows 10 deadliest diseases on our planet.

There are 3 types of Ultraviolet blue light we need to know to survive the current negligence: A, B, and C. The UV-C is the most dangerous. The ultraviolet light kills cells by damaging their DNA. The light initiates a reaction between two molecules of thymine, one of the bases that make up DNA (https://www.scientificamerican.com/article/how-does-ultraviolet-ligh/).

The UV-C is a known carcinogen for the human skin. Overexposure to all types of UV radiation may cause skin cancer, damage of the eyes and the suppression of immune system. The eye exposure to UV light results in long term problems - cataracts, macular holes, blue spots in vision, inguecula, pterygia, macular degeneration, more. And there is no way to reverse what is already happened.

In the US, a pioneer in the innovative field of transforming humans into something blind with damaged DNA became the "Golden Express", a bus company with office at 5 Division Street, 2 Floor, in New York City, 10002. There is some not conformed information that they relocated to 15 Division St. They only communicate now by the phone only. You might want to call them 212-966-8433 And tell what you think.

Every trip, this bus company's drivers or dispatchers scanning the boarding passengers with their harmful UV-C germicidal blue light devices. These buses travel between NYC and Caesars casino in Atlantic City, delivering gamblers back and forth several times a day, 7 days a week. The buses are always full. Majority of people have no clue or do not care what kind devices used to scan them, they are too obsessed with their lives, missing as always the most important things. The owners of this company are the Chinese Americans, who know what they are doing. Their office employee said on the phone that they know that those UV-C devices are dangerous, this is why they told their drivers to keep the blue UV light away from the passengers' eyes. An employee said that "the drivers scan only the coats". However, it is impossible for the passengers not to see the UV-C light when they go through the scanning/boarding process, when they are in line before the boarding. Also the people do not wear the coats in NYC in July and August, because the days are sunny and temperature reaches 80F-90F.

The NYC Health Department agent #C3679 (phone #311), who suppose to take the report on the wrongdoing, said that they cannot accept this complaint

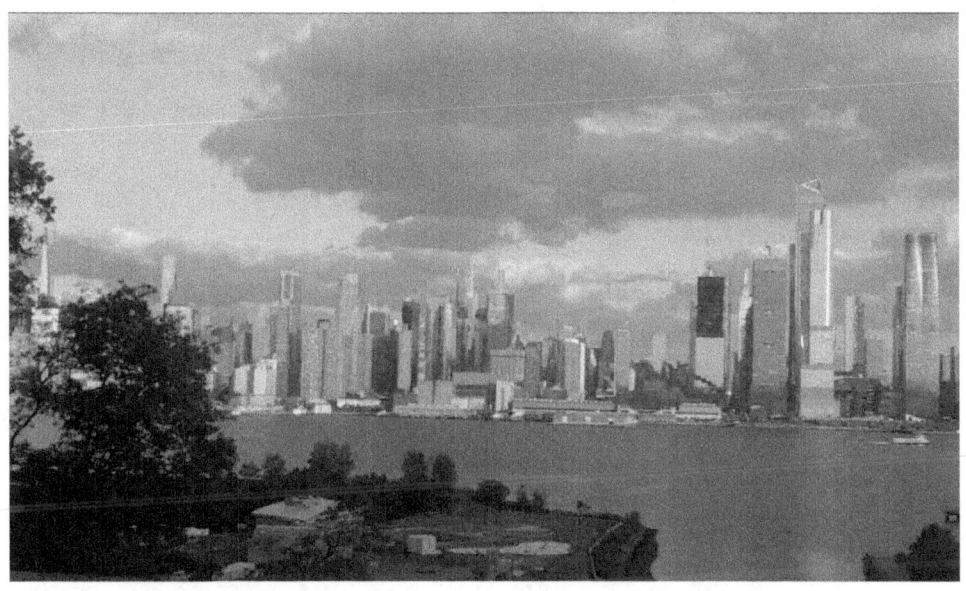
Nadia Russ, Ultra Violet City, Android Photography, October 2020, NYC

and suggested to contact the Legal Bar Association (212-626-7373) to get the lawyer instead. The Bar Association's agent offered the contact information of two Lawyers, including Sherri Plotkin (212-684-1880) from prestigious NYC law firm, who said during the call that there is no scientific literature, which would say that that UV-C device is harmful if used on the people. This is the reason she cannot take a client whose eyes were injured by the UVC light device.

This is just the beginning of our future. The most interesting part will be later. Too bad the majority will be too blind and with the modified DNA - they will not be able to figure out what is going on. The self destruction is in progress until it will reach its pick. Then, there will be another start from the scratch. The humanity may will have another chance for evolution hundreds years from today to make something better than what we got.

Equality and paradise (communism) on the Earth are impossible to build because the humans are imperfect. However, we could get closer to this dream if we could purify ourselves but not with UVC light but with the healthy thinking and living.
First step could be the loving your neighbours (not sexually, sex is an obsession that makes you miserable like any other obsession or addiction)."

Nadia Russ

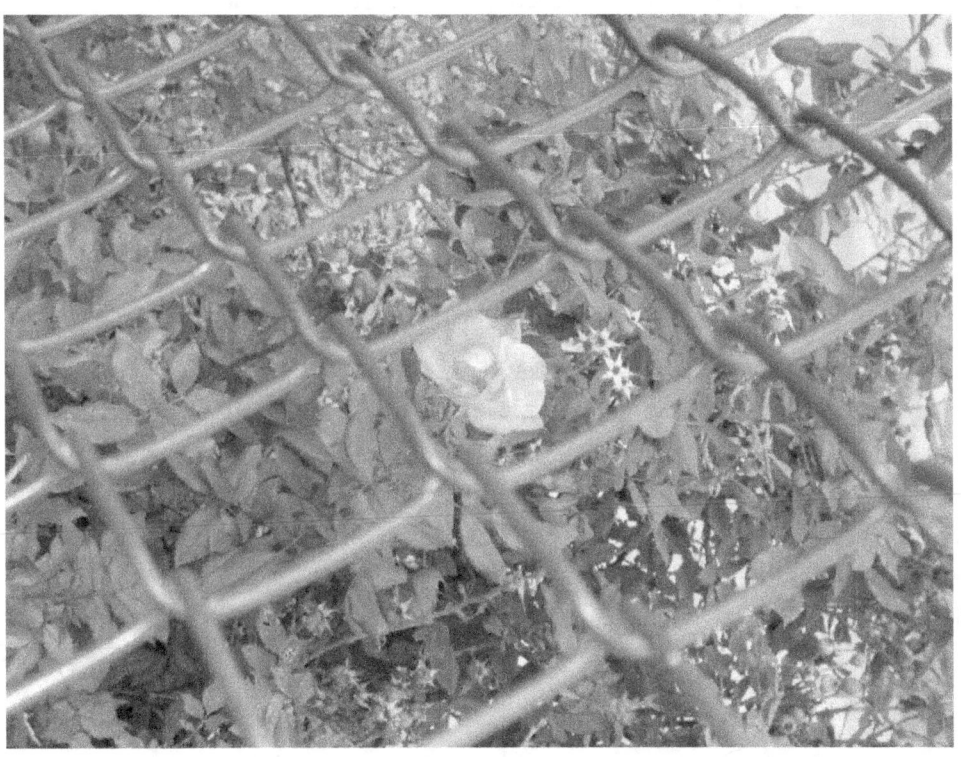

Nadia Russ, The Last Rose, Android Photography, 2015, NYC

"Наше будущее, я считаю, было отменено в 2008 году, я имею в виду хорошее. И сейчас мы уже живем, как в Китае: носим маски и добровольно вдыхаем углерод вместо того, чтобы дышать кислородом. Знаменитый CDC (www.cdc.gov) говорит: "Вдыхание углерода может вызвать головную боль, головокружение, рвоту и тошноту. Если уровень углерода достаточно высок, вы можете потерять сознание или умереть. Воздействие умеренного и высокого уровня углерода в течение длительного периода времени также связано с увеличением риска сердечных заболеваний". Но это никого не волнует. Хотя беспокоит, но они всегда становятся жертвами, атакованные противниками.

Жизнь становится довольно опасной. Некоторые опасности невозможно ликвидировать. Люди могут заболеть более 10,000 болезнями, есть не только Covid-19, который почему-то стал хитом. Есть туберкулез (который настоящая пандемия), ВИЧ / СПИД (также супер пандемия), сердечные заболевания, рак... . Согласно известному сайту Всемирной организации здравоохранения, наиболее жестокий убийца на планете - это не Covid-19. На самом деле у нас больше шансов умереть от дорожно-транспортного происшествия, СПИДа и туберкулеза, чем от Covid-19. Но люди по-прежнему производят машины и занимаются сексом.

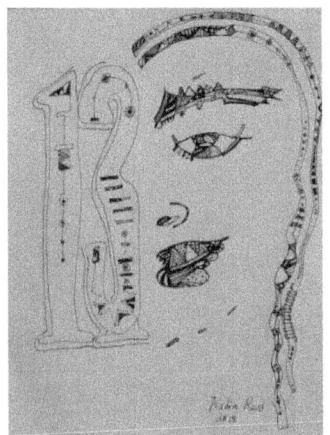
Nadia Russ, "The 13", Ink/paper, 11"x8"

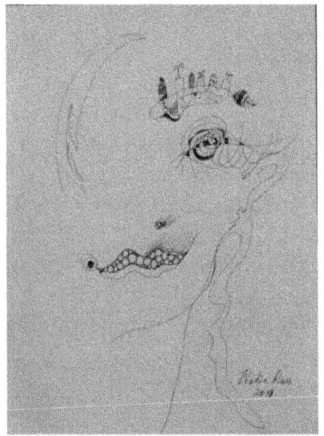
Nadia Russ, Face, Ink/paper, 11"x8"

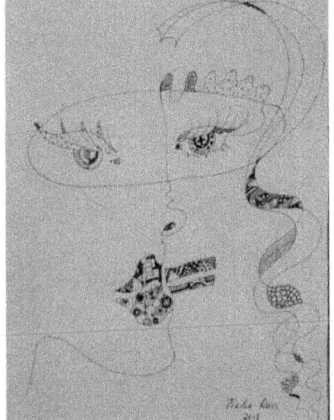
Nadia Russ, Girls, Ink/paper, 11"x8"

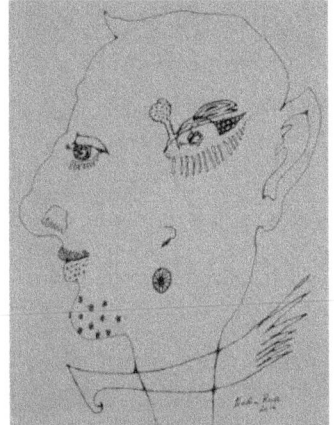
Nadia Russ, Men, Ink/paper, 11"x8"

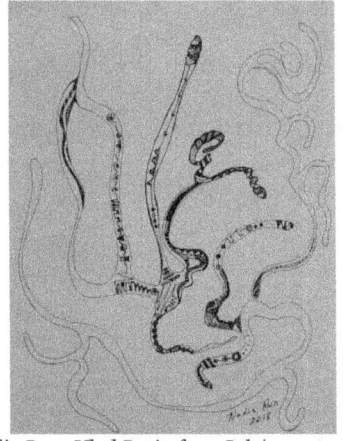
Nadia Russ, Vlad Putin face, Ink/paper, 11"x8"

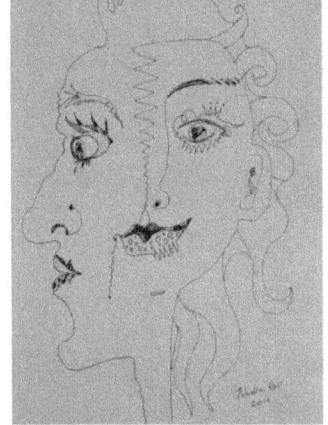
Nadia Russ, The Couple, Ink/paper, 11"x8"

Это 10 самых смертоносных болезней на нашей планете по данным Всемирной организации здравоохранения:

1. Ишемическая болезнь сердца
2. Цереброваскулярное заболевание
3. Инфекции нижних дыхательных путей
4. Хроническая обструктивная плюмонарная болезнь
5. Дирреальная болезнь
6. ВИЧ / СПИД
7. Рак трахеи, бронхов, легких
8. Туберкулез
9. Сахарный диабет
10. Дорожно-транспортные происшествия

(https://www.who.int/news-room/q-a-detail/what-is-the-deadliest-disease-in-the-world).

Многие компании сейчас используют очень опасные УФ-С бактерицидные лампы и устройства с целью стерилизации офисов или дажеи для сканирования людей! Они делают это 24/7, чтобы убить вирус, даже если вируса нет. Существует 3 типа ультрафиолетового света: А, В и С. УФ-С наиболее опасен. В журнале "Scientific American" говорится: "Ультрафио-летовый свет убивает клетки, повреждая их ДНК. Свет инициирует реакцию между двумя молекулами тимин, одно из оснований ДНК" (https://www.scientificamerican.com/article/how-does-ultraviolet-ligh/).

УФ-С - известный канцероген для кожи человека. Чрезмерное воздействие всех типов УФ радиации может вызвать рак кожи, повреждение глаз и подавляет иммунную систему. Воздействие ультрафиолетового излучения на глаза приводит к долгосрочным проблемам - катаракте, макулярным отверстия, голубым пятнам в поле зрения, ингвекуле, птеригии, макулярной дегенерация, итд. И нет никакого способа изменить то, что уже произошло. В США пионером инновационного подхода, превращающего людей в что-то слепое с поврежденными ДНК, стала автобусная компания «Золотой экспресс» с офисом на ул. Дивизион #5, 2 эт. в Нью-Йорке, 10002. Есть не точная информация, что они переместились в дом #15 на ул. Дивизион. Они не пускают людей в свой офис, общаясь только по телефону 212-966-8433.

Каждую поездку водители или диспетчеры этой автобусной компании сканируют при посадке пассажиров опасным бактерицидным УФ-С прибором. Эти автобусы путешествуют между Нью-Йорком и казино Caesars, что в Атлантик-Сити, доставляя игроков туда и обратно несколько раз в день, 7 дней в неделю. Эти автобусы всегда полны. Большинство пассажиров понятия не имеют или им все равно, какие устройства используются для их сканирования. Они слишком одержимы своей жизнью, упуская, как всегда, самое важное. Владельцы автобусной компании "Golden Express" американцы китайского происхождения, знают что они делают. Их сотрудница, которая работает в офисе, сказал по телефону, что они знают, что эти УФ-устройства опасны, поэтому они сказали водителям чтобы те держали их подальше от глаз людей. Она сказала, что "водители сканируют только польта". Однако пассажиры не могут не видеть синий свет, исходящий от UVC устройства, когда они проходят процесс сканирования, и находясь в очереди перед посадкой. Так же люди не носят польта в Нью-Йорке в июле и августе, потому что дни солнечные и жаркие, а температура достигает 80F-90F.

Сотрудник Департамента здравоохранения штата Нью-Йорк (телефон# 311) сказала, что они не могут принять жалобу на "Golden Express" и предложила связаться с адвокатом, дав телефон Коллегии адвокатов (212-626-7373). А адвокат престижной юридической фирмы Нью-Йорка Шерри Плоткин (ph: 212-684-1880) сказала, что не может помочь и взять клиента, потому что нет такой научной литературы, в которой говорится, что такое УФ-С устройство вредно для людей. И это только начало нашего будущего. Самая интересное будет позже, жаль, что большинство будет слепыми и измененным до неузнаваемости, чтобы понять, что происходит.

Разрушение продолжится, пока недостигнет своего пика. Тогда будет новый старт с нуля. Говоря о равенстве и рае (коммунизме), на Земле раю не быть, потому что люди несовершенны. Однако мы могли бы приблизиться к этой мечте, если бы могли очистить себя здоровыми мыслями и здоровым образом жизни. Первый шаг может быть таким - любить своих соседей. Не сексуально конечно, секс - это навязчивая идея, которая делает вас несчастным, как и любая другая навязчивая идея или зависимость.

Надя Рус

CONCLUSION

Life will continue no matter what, it just will transfer from one form to another.

ОКОНЧАНИЕ

Жизнь будет продолжаться несмотря ни на что, она просто будет переходить из одной формы в другую.

The Interior of this book was completed on October 5th, 2020 in the US
NeoPopRealism Press
www.neopoprealism.org

www.ingramcontent.com/pod-product-compliance
Lightning Source LLC
Chambersburg PA
CBHW062337220526
45469CB00008B/2755